Von:

Für:

Freude ist das Leben
durch einen Sonnenstrahl
hindurch gesehen.

CARMEN SYLVA

Die Sonne scheint für dich –
deinetwegen.

SØREN KIERKEGAARD

Ja, ich bin ein Träumer,
denn nur Träumer finden
ihren Weg durchs Mondlicht
und erleben die
Morgendämmerung,
bevor die Welt erwacht.

OSCAR WILDE

Das Herrlichste der Welt ist, einen neuen Tag zu sehen.

MAXIM GORKI

Morgendliche Traumwelt

Wenn wir aufwachen, betreten wir von Neuem die Welt, die wir für wenige Stunden zurückgelassen haben, um in unseren Träumen weiterzuleben. Nimm dir morgens einen Moment Zeit, um im Hier und Jetzt anzukommen und deine Nacht Revue passieren zu lassen. Kannst du dich noch daran erinnern, was du in deiner Traumwelt erlebt hast? Schöpfe Kraft aus diesen Erlebnissen und starte zuversichtlich in den neuen Tag.

Erhelle das Morgen
mit dem Heute.

ELIZABETH BARRETT BROWNING

Wie die Sonne
das Licht des Tages ist,
so ist auch die Seele
das Licht des wachsenden Körpers.
Und wie der Mond
das Licht der Nacht ist,
so ist auch die Seele
das Licht des Schlafenden.

HILDEGARD VON BINGEN

Beginne jeden Morgen mit einem guten Gedanken.

CARL HILTY

Wer sich heute freuen kann,
der soll nicht bis morgen warten.

JOHANN HEINRICH PESTALOZZI

**Was immer du tun kannst
oder wovon du träumst –
– fang damit an.
MUT hat Genie, Kraft
und Zauber in sich.**

JOHANN WOLFGANG VON GOETHE

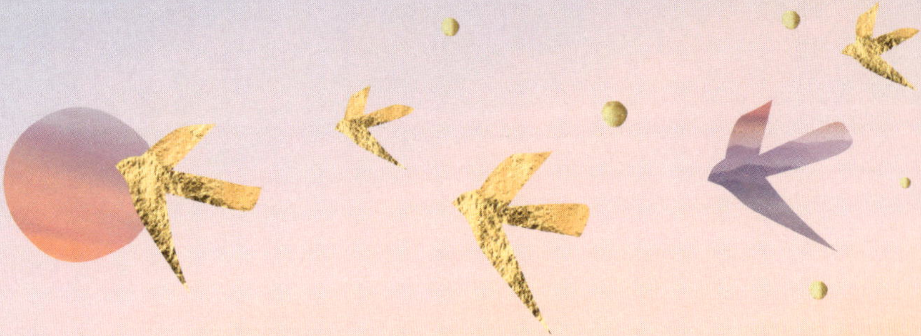

Frischer Morgen!
Frisches Herz!
Himmelwärts!
Lass den Schlaf nun,
lass die Sorgen!

JOSEPH VON EICHENDORFF

Frische Luft

Öffne nach dem Aufstehen ein Fenster und lass dir die erfrischende Luft des Morgens um die Nasenspitze wehen. Genieße den Duft von nassem Gras, die ersten Sonnenstrahlen auf deiner Haut und die Geräusche der langsam erwachenden Welt um dich herum. Nimm dir die Zeit, jeden Schritt deines Morgens bewusst wahrzunehmen: das Aufwachen, das Frühstück und die erste frische Brise des neuen Tages.

Das Leben
ist so aufregend,
dass für anderes
kaum Zeit bleibt.

EMILY DICKINSON

Sammle heute so viele
Sonnenstrahlen,
wie du nur kannst.

Wer sich um das Morgen
am wenigsten kümmert,
geht ihm mit der größten Lust
entgegen.

EPIKUR

Schenke dir selbst jeden Tag
die schönsten Momente
und bade Körper, Seele und Geist
in innerer Harmonie.

SARAH BERNHARDT

Wacht auf!

Zum Schlafen haben wir die Ewigkeit.

OMAR CHAYYÃM

Stelle dir jeden Morgen
diese drei Fragen:

Was ist gut in meinem Leben?
Worüber kann ich glücklich sein?
Wofür kann ich dankbar sein?

HENRY DAVID THOREAU

Jeder Tag
ist ein neuer
Anfang.
GEORGE ELIOT

Dein kuscheliger Morgen

Nicht jeder Morgen beginnt
mit Sonnenschein.
Lass dich an diesen Tagen von
der weichen Wolkendecke umarmen.
Trage das wohlige Gefühl deines
warmen Bettes in den Tag hinein.
Duftet dein kuscheliger Start
in den Tag nach Kaffee oder Tee?

Ich werfe meine Freude
wie Vögel an den Himmel.
Ein neuer Tag,
der glitzert und knistert,
knallt und jubiliert.

AUS AFRIKA

Es blitzt ein Tropfen Morgentau
im Strahl des Sonnenlichts;
ein Tag kann eine Perle sein
und ein Jahrhundert nichts.

GOTTFRIED KELLER

Genuss am Morgen

Energiebällchen

ca. 15 Stück

✦

150 g getrocknete Aprikosen * 100 g Walnusskerne
1 EL geschrotete Leinsamen * 1 EL Kokosöl * 3 EL Kokosraspel

Aprikosen und Walnüsse möglichst klein schneiden.
Aprikosenstücke mit Walnüssen, Leinsamen und zerlassenem Kokosöl vermengen und aus der Masse kleine Bällchen formen.
Kokosraspel auf der Arbeitsfläche verteilen und die Bällchen darin rollen, sodass sie rundherum mit Kokos bedeckt sind.
Für mind. 1 Std. in den Kühlschrank stellen.

Wenn du am Morgen erwachst,
denke daran, was für ein
köstlicher Schatz es ist
zu *leben,*
zu *atmen* und
sich *freuen* zu können.

MARK AUREL

Hoffnung
heißt der Morgenstern,
Sehnsucht
der Abendstern.

THEODOR TOECHE-MITTLER

Der ideale Tag wird nie kommen.
Der ideale Tag ist heute,
wenn wir ihn dazu machen.

HORAZ

Träume dir dein Leben schön und mach aus diesen Träumen eine Realität.

MARIE CURIE

In jedem Winter steckt
ein zitternder Frühling
und hinter dem Schleier
jeder Nacht
verbirgt sich ein
lächelnder Morgen.

KHALIL GIBRAN

Selbst-Bewusstsein

Wenn du morgens erwachst, stelle dir zuerst eine Frage: Wie geht es mir? Fühle in deinen Körper hinein. Höre deinen Gedanken für einen Moment zu. Werde dir deiner selbst bewusst. Was brauchst du? Gibt es etwas, das du tun kannst, um dich gut zu fühlen?

Es ist doch erstaunlich,
was ein einziger Sonnenstrahl
mit der Seele des Menschen
machen kann.

FJODOR M. DOSTOJEWSKI

Kein Leben ist so schwer,
dass du es nicht durch die Art,
wie du es nimmst,
leichter machen kannst.

ELLEN GLASGOW

Sei vergnügt bis
um 10 Uhr morgens.
Der Rest des Tages
wird dann
wie von selber
laufen.

ELBERT HUBBARD

When you can't find
the sunshine,
be the sunshine.

Verlasse deine Komfortzone

Routinen hin oder her, mach es heute doch mal andersherum: Zieh erst die rechte, dann die linke Socke an. Schüttle erst das Kissen, dann die Bettdecke aus. Putze deine Zähne mit der anderen Hand. Wenn du aus deinen Routinen ausbrichst, steigt die Toleranz deines Gehirns gegenüber Veränderungen und du wirst die ersten magischen Stunden des Tages bewusster wahrnehmen.

Betrachtet das Erwachen
des Frühlings und das Erscheinen
der Morgenröte!
Die Schönheit offenbart sich
denjenigen, die betrachten.

KHALIL GIBRAN

*Und plötzlich weißt du,
es ist Zeit, etwas Neues
zu beginnen und dem Zauber
des Anfangs zu vertrauen.*

MEISTER ECKHART

Abendliche Ruhemomente

Zu einer guten Morgenroutine gehört auch der Abend zuvor. Je besser wir schlafen, desto leichter fällt es uns, in den Tag zu starten. Gibt es Rituale, die du vor dem Schlafengehen durchführen kannst, um besser zur Ruhe zu kommen?

Zum Beispiel ...

... eine bestimmte Teesorte trinken.

... Tagebuch schreiben.

... die Aufgaben für den nächsten Tag auflisten.

Ein Strahl Sonne
kann mehr wecken,
als tausend Nächte
zu ersticken vermögen.

CARL LUDWIG SCHLEICH

Lieber Sonntag,
sei uns freundlich
nach der grauen, langen Woche!
Zart mit goldnem Sonnenfinger
morgens mir ans Fenster poche.

ANNA DIX

*Leben allein ist nicht genug.
Sonne, Freiheit und eine
kleine Blume braucht man auch.*

HANS CHRISTIAN ANDERSEN

*Drei Dinge helfen,
die Mühseligkeiten des
Lebens zu tragen:*
**die Hoffnung, der Schlaf
und das Lachen.**

IMMANUEL KANT

Am Anfang war die Kraft.

PAULA MODERSOHN-BECKER

Gönne dir einen
Augenblick
der **Ruhe**
und du begreifst, wie närrisch
du herumgehastet bist.

LAOTSE

Avocado-Sandwich

Für zwei Portionen

✦

1 Dose Kichererbsen (à 400 g) ✳ 1 reife Avocado ✳ ½ Bd. Koriander
1 Frühlingszwiebel ✳ Saft von 1 Limette ✳ Salz ✳ Pfeffer ✳ ½ Gurke
8 Mehrkorntoastscheiben oder Brot nach Wahl ✳ Sprossen nach Belieben

Kichererbsen abgießen, abspülen und abtropfen lassen. Avocado von der Schale befreien, entkernen und zusammen mit den Kichererbsen mit einer Gabel zerdrücken. Koriander und Frühlingszwiebel fein hacken und unter die Masse heben. Mit Limettensaft, Salz und Pfeffer würzen. Gurke in dünne Scheiben schneiden. 4 Brotscheiben mit ¾ der Masse bestreichen und mit Gurke und Sprossen nach Wahl belegen. Übrige Brotscheiben dünn mit dem Rest der Masse bestreichen, auf die Unterteile legen und leicht andrücken.

Niemals war mehr Anfang als **jetzt**.

WALT WHITMAN

**Guten Morgen …
… Gute Nacht …,
…, dies ist das Leben.**

LUCIUS ANNAEUS SENECA

Yoga im Bett

Yoga am Morgen vertreibt Kummer und Sorgen, und dafür musst du noch nicht einmal aus dem Bett steigen. Behalte deinen Schlafanzug an, streck dich genüsslich unter der Bettdecke und gib einige befreiende Seufzer von dir. Ziehe nun beide Knie für einige Sekunden an deine Brust. Komme über eine Seite in den Schneidersitz und drehe deinen Körper mehrmals nacheinander zu beiden Seiten. Führe deine Arme anschließend kraftvoll über die Seiten nach oben und deine Hände mit den Handflächen aneinander vor deine Brust.

NAMASTÉ.

Fang immer gleich
heute **an.**

MARY WOLLSTONECRAFT

Der Yoga ist das Zur-Ruhe-Bringen der Bewegung der inneren Welt.

PATANJALI

Ein Sonnenstrahl
reicht hin,
um viel Dunkel
zu erhellen.

FRANZ VON ASSISI

Overnight Oats mit Erdnüssen und Schokolade

✦

2 Datteln ✳ 1 reife Banane ✳ 50 g Haferflocken ✳ 200 ml Pflanzendrink
1 TL Honig ✳ 1 EL Nussmus deiner Wahl ✳ 1 EL Kakaopulver
1 EL Kakaonips ✳ 1 EL ungesalzene Erdnüsse ✳ Kakao

Die Datteln entkernen und gemeinsam mit der Banane zerkleinern, bis eine cremige Masse entsteht. Haferflocken, Pflanzendrink, Honig, Nussmus sowie Kakaopulver hinzugeben und vermengen. In ein Einmachglas füllen, mit Kakaonips und Erdnüssen bestreuen und über Nacht in den Kühlschrank stellen.

Es wird Zeit,
dass ihr das Leben
lebt, wie ihr es euch
erträumt habt.

HENRY JAMES

Wer jeden Abend
sagen kann:
»Ich habe gelebt«,
dem bringt jeder
Morgen einen
neuen Gewinn.

LUCIUS ANNAEUS SENECA

Manchmal
ist das Wichtigste
am ganzen Tag
die Pause,
die wir zwischen zwei
tiefen *Atemzügen* machen.

ETTY HILLESUM

Pläne machen
und Vorsätze fassen
bringt viele gute
Empfindungen
mit sich.

FRIEDRICH NIETZSCHE

Date: *Today*

To do: **Be happy!**

Das Glück ist
nicht in einem ewig
lachenden Himmel
zu suchen,
sondern in ganz
feinen Kleinigkeiten,
aus denen wir unser
Leben zurechtzimmern.

CARMEN SYLVA

Happy mind, happy life

Versuche schon am Morgen deine
Aufmerksamkeit auf das zu lenken,
was dich glücklich macht.
Mit einem Lächeln im Gesicht lassen
sich auch die kleinen Stolpersteine
des Alltags leichter überwinden.

In jedem Land geht am Morgen die *Sonne* auf.

GEORGE HERBERT

Jeder angenehme
Augenblick
hat Wert für mich –
Glückseligkeit besteht
nur in Augenblicken.
Ich wurde glücklich,
da ich das lernte.

CAROLINE SCHELLING

Man kann einen seligen,
seligsten Tag haben,
ohne etwas anderes dazu zu brauchen
als blauen Himmel und grüne Erde.

JEAN PAUL

Wer den Tag mit
Lachen beginnt,
hat ihn bereits
gewonnen.

MARCUS TULLIUS CICERO

**Nur die Ruhe in uns selbst
lässt uns sorglos
zu neuen Ufern treiben.**

ADALBERT STIFTER

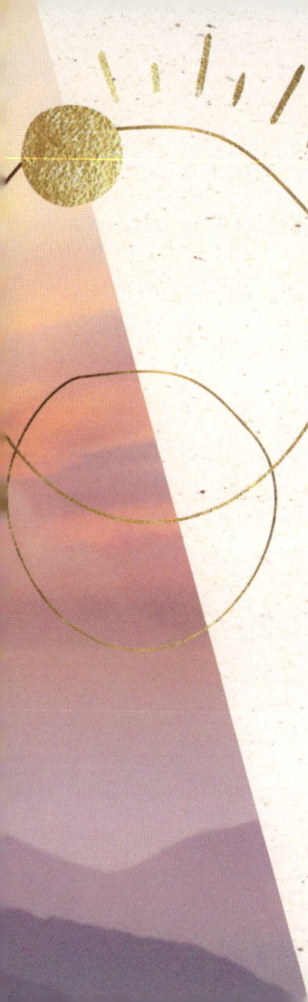

*Oh, es ist schön,
morgens aufzustehen,
aber noch schöner ist es,
im Bett zu bleiben!*

HARRY LAUDER

Traumtagebuch

Wenn du dich morgens noch an deine Träume erinnern kannst, schnapp dir Zettel und Stift und schreibe sie auf – aus der Ich-Perspektive und im Präsenz. Einerseits begünstigt das regelmäßige Aufschreiben deiner Träume die Fähigkeit, luzide zu träumen. Andererseits lassen sich aus deinen fantastischen Bildern später womöglich Kurzgeschichten oder ganze Romane spinnen.

Die Freude
steckt nicht in den Dingen,
sondern im Innersten
unserer Seele.

THÉRÈSE VON LISIEUX

Wir sind dem
Aufwachen nah,
wenn wir träumen,
dass wir träumen.

NOVALIS

Jeder Tag ist der Anfang
eines Lebens,
jedes Leben ist der Anfang
der Ewigkeit.

RAINER MARIA RILKE

Einfach mal offline sein

Das Smartphone ist unser ständiger Begleiter. Selbst nachts liegt es direkt neben uns, um uns in den frühen Morgenstunden aus dem Schlaf zu holen. Dabei bemerken wir oftmals nicht, dass mit dem kleinen Alltagshelfer auch dauerhafte Erreichbarkeit einhergeht. Wie wäre es daher mit einem analogen Wecker? Konzentriere dich nach dem Aufwachen ganz auf dich und deine Gefühle und genieße den ruhigen Start in den neuen Tag.

**Glück ist ein Wunderding.
Je mehr man gibt,
desto mehr hat man.**

MADAME DE STAËL

Her mit der

guten

Laune!

Genuss am Morgen

Matcha-Spinat-Bowl

Für 2 Portionen

✦

1 Mango * 3 Kiwis * 2 Bananen * 100 g Blattspinat
2 TL Matcha * 2 TL Chia-Samen * 2 EL geschälte Hanfsamen

Mango und Kiwis schälen, die Mango entkernen. Das Fruchtfleisch von beiden Obstsorten würfeln und 45 Min. tiefkühlen. Bananen schälen, in Scheiben schneiden und die Hälfte zusammen mit dem geputzten Spinat mit einem Mixer fein pürieren. Matcha und etwa drei viertel der Mango- und Kiwistücke hinzugeben und pürieren, bis ein sämiger Smoothie entstanden ist. Gegebenenfalls etwas Wasser hinzufügen. Den Smoothie auf zwei Schüsseln verteilen und mit den übrigen Kiwi-, Mango- und Bananenstücken dekorieren. Mit Hanfsamen garnieren und genießen.

Aufgabe des Lebens,
seine Bestimmung ist Freude.

Freue dich

über den Himmel,
über die Sonne, über die Sterne,
über Gras und Bäume,
über die Tiere und die Menschen.

LEO N. TOLSTOI

Das Warten auf etwas Schönes
erzeugt positive Spannung
und Gefühle.
LILY BRAUN

Aus Schleiern des Morgens
hebt sich der Tag.

ANNA RITTER

In jedem Menschen ist Sonne –
man muss sie nur
zum Leuchten bringen.

SOKRATES

Ich werde dorthin gehen, wohin *meine Natur* mich führt. Es widerstrebt mir, mich von jemand anderem führen zu lassen.

EMILY BRONTË

Begrüßt dich am Morgen
ein freundliches Gesicht,
ein gutes Wort,
ein Liebesdienst,
so durchsonnt es dir
dein *Herz*
für den ganzen Tag.

KARL IMMERMANN

Eier-Kresse-Sandwich

Für 2 Portionen

✦

8 Scheiben Roggen-Toast * 6 hart gekochte Eier
1 Schale Brunnenkresse * 3 EL zimmerwarme Butter
Salz * Pfeffer * 1 Prise Paprikapulver

Die Eier pellen und fein hacken, die Kresse nicht zu tief schneiden. Eierwürfel und Kresse mit der Butter mischen und mit Salz, Pfeffer und Paprika abschmecken. Die Mischung auf 4 Brotscheiben streichen und mit den 4 übrigen Scheiben abdecken. Die Sandwiches in Streifen schneiden und mit je einem Holzstäbchen feststecken.

Ein Spaziergang am Morgen
ist ein Segen für den ganzen Tag.

HENRY DAVID THOREAU

Möge das
erste gute *Wort*,
das du am
Morgen sprichst,
eine Brücke sein
in den jungen Tag.

AUS IRLAND

Ich liebe die Welt,
die Sonne, die Erde, die Blumen,
die Vergnügungen, die Jugend,
die Schönheit;
ich habe Durst nach Glück!

MALWIDA VON MEYSENBUG

Glück entsteht oft durch Aufmerksamkeit in kleinen Dingen.

WILHELM BUSCH

Die Welt ist voll
von kleinen Freuden;
die Kunst besteht nur darin,
sie zu sehen,
ein Auge dafür zu haben.

LI-TAI-PO

Das wunderbarste Märchen ist das Leben selbst.

HANS CHRISTIAN ANDERSEN

Dein Paradies

Gehörst du auch zu den Menschen, die sich von ihrer unmittelbaren Umgebung beeinflussen lassen? Dann sorge dafür, dass dir schon beim Aufwachen etwas ins Auge fällt, das dir Freude bereitet. Wie wäre es mit einem schönen Bild an der Wand oder auf dem Nachttisch? Hänge etwas an die Decke, das dir ein Lächeln ins Gesicht zaubert, oder dekoriere dein Zuhause mit deinen liebsten Blumen.

Was wir heute tun,
entscheidet darüber,
wie die Welt morgen aussieht.

MARIE VON EBNER-ESCHENBACH

Das beste Mittel, jeden Tag
gut zu beginnen, ist,
beim Erwachen daran zu denken,
ob man wenigstens einem Menschen
an diesem Tag
eine Freude machen könnte.

FRIEDRICH NIETZSCHE

Die Sonne geht unter,
damit Nacht werde
und Menschen sich über
eine neue Morgenröte
freuen können.

JOHANN GOTTFRIED HERDER

Das Leben ist *bezaubernd.* Man muss es nur durch die richtige Brille sehen.

ALEXANDRE DUMAS DER ÄLTERE

Das Leben ist ein Wunder.
Es kommt über mich,
dass ich oftmals die Augen
schließen muss.

PAULA MODERSOHN-BECKER

Sunshine

on my mind.

Musik an, Welt aus!

Du bist mit dem falschen Fuß aus dem Bett gestiegen? Für eine Portion gute Laune kannst du dir deine Lieblingsmusik anmachen und, wenn dir danach ist, tanzen und mitsingen. Eine ausgelassene Tanzeinlage vertreibt nicht nur Kummer und Sorgen, sondern bringt am Morgen auch gleich deinen Kreislauf in Schwung.

Erfrischender Eistee

500 ml Wasser * 3 Grüntee-Beutel * 250 ml Kokosnusswasser
Limetten-Scheiben * Eiswürfel

Wasser aufkochen und auf 80 °C abkühlen lassen.
Die Teebeutel in ein hitzebeständiges Gefäß
geben, mit dem Wasser übergießen und 2–3 Min. ziehen lassen.
Teebeutel entfernen und abkühlen lassen.
Den erkalteten Tee mit Kokoswasser verrühren und
mit Limetten-Scheiben und Eiswürfeln servieren.

Ein Anfang
ist kein Meisterstück
doch guter Anfang
halbes Glück

ANASTASIUS GRÜN

Begegne dem,
was auf dich zukommt,
nicht mit Angst,
sondern mit Hoffnung.

FRANZ VON SALES

Gegrillter Ziegenkäse-Toast

Für 1 Portion

✦

2 kleine Knollen Rote Bete (vorgekocht) * 75 g Ziegenkäserolle
4 Scheiben Toastbrot * etwas Olivenöl * 1 Bd. Rucola * Salz * Pfeffer

Rote Bete in 7 mm dicke und Ziegenkäse in feine Scheiben schneiden. Toastscheiben mit Olivenöl beträufeln. Zwei Scheiben mit Rucola, Ziegenkäse, Roter Bete und einer weiteren Schicht Ziegenkäse belegen. Mit Salz und Pfeffer würzen. Je 1 Scheibe Toast auflegen und leicht andrücken. Sandwiches in einer Grillpfanne bei mittlerer Hitze leicht anrösten und halbiert servieren.

*Wende dein Gesicht
der Sonne zu,
dann fallen die
Schatten hinter dich.*

AUS AFRIKA

Tu deinem Leib
des Öfteren etwas Gutes,
damit *deine Seele*
Lust hat,
darin zu wohnen.

TERESA VON ÁVILA

Bewegung für Körper und Geist

Wusstest du schon, dass Sport zur Ausschüttung von Endorphinen führt? Das sind Glückshormone, die nicht nur für eine positive Stimmung sorgen, sondern auch Schmerzen lindern können. Ganz egal ob du deine Yogamatte ausrollst, eine Runde joggen gehst oder einen großen Spaziergang machst – ein wenig Bewegung am Morgen sorgt für einen großartigen Start in den Tag!

Nimm dir
jeden Tag die Zeit,
still zu sitzen
und auf die Dinge
zu lauschen.
Achte auf die Melodie
des Lebens,
welche in dir schwingt.

SIDDHARTHA
GAUTAMA BUDDHA

Die **Hoffnung**
des ganzen Jahres –
der Frühling.
Die Hoffnung
des Tages –
der Morgen.

AUS JAPAN

Meine Zeit,

das ist mein Leben.
Wem ich eine Stunde
meiner Zeit gebe,
dem schenke ich ein Stück
von meinem Leben.

MINNA CAUER

Ja, ich kann!

Limitierende Glaubenssätze können nicht nur unseren persönlichen Horizont beschränken, sondern auch unseren Alltag erschweren. Versuche stattdessen mit einer bejahenden Haltung durchs Leben zu gehen. Glaube an dich selbst und deine Fähigkeiten und sage dir schon morgens nach dem Aufwachen: »Ich kann alles schaffen!«

Nur weil uns ein Stück
vom Glück fehlt,
sollten wir uns nicht davon
abhalten lassen,
alles andere zu genießen.

JANE AUSTEN

Jeder Tag ist eine Reise
und die Reise an sich
ist das Zuhause.

MATSUO BASHŌ

Genuss am Morgen

Weltbeste Honigmilch

✦

250 ml Milch * ½ TL Vanilleextrakt * 1 TL Honig
¼ TL Zimt * ¼ TL gemahlener Kardamom * 1 Prise Salz

Die Milch in einem kleinen Topf bei mittlerer Hitze erwärmen. Vanilleextrakt und Honig unterrühren, mit Zimt, Kardamom und Salz würzen, in eine Tasse umfüllen.

Mich durchströmt Wärme,
wenn ich mich
an die Tage erinnere,
die noch kommen werden.

AUS DEN USA

Immer wenn ich mitten im Alltag innehalte
und gewahr werde, wie viel mir geschenkt ist,
werden die zahllosen Selbstverständlichkeiten
zu einer Quelle des Glücks.

GUSTAVE FLAUBERT

Riskiere etwas!
Riskiere
was auch immer ...!
Tu, was dir
am schwersten fällt.
Handle deinetwegen.
Blicke der Wahrheit
ins Gesicht.

KATHERINE MANSFIELD

Gehe nicht,
wohin der Weg
führen mag,
sondern dorthin,
wo kein Weg ist,
und hinterlasse
eine Spur.

JEAN PAUL

Morgenröte

Wenn kurz vor Sonnenaufgang Wolken aufziehen, kann es zu einem wunderschönen Naturphänomen am Osthimmel kommen, der Morgenröte. Hierbei wird das kurzwellige blaue Licht der aufgehenden Sonne an den Luftmolekülen so stark gestreut, dass nur das langwellige rote Licht die Wolken anstrahlt und sie für das menschliche Auge orange-rötlich einfärbt.

Jeder Tag ist ein kleines Leben.

ARTHUR SCHOPENHAUER

**Fang jetzt an zu leben
und zähle jeden Tag
als ein Leben für sich.**

LUCIUS ANNAEUS SENECA

Raus aus den Federn!

Du hast Probleme damit, aus dem Bett zu kommen, und wenn du es doch geschafft hast, ertappst du dich dabei, wie du es dir nach kürzester Zeit wieder darin bequem machst? Gewöhne dir an, direkt nach dem Aufwachen aufzustehen und dein Bett zu machen. Bei einem ordentlich gemachten Bett sinkt die Wahrscheinlichkeit dafür, sich noch einmal hineinzulegen.

Die Gegenwart
überfunkelt alles,
was man nur sagen könnte.

EDUARD MÖRIKE

Mögest du alle Tage
deines Lebens leben.

JONATHAN SWIFT

Die schönsten, angenehmsten Tage
sind nicht die, an denen großartige,
aufregende Dinge passieren,
sondern die mit den einfachen,
netten Augenblicken,
die sich aneinanderreihen wie
Perlen auf einer Schnur.

LUCY MAUD MONTGOMERY

Alles ist so viel schöner, wenn morgens schon die Sonne scheint.

Wer die Kostbarkeit
des Augenblicks entdeckt,
findet das Glück des Alltags.

ADALBERT STIFTER

Die innere Uhr

Feste Schlafenszeiten sind das A und O für einen gesunden und erholsamen Schlaf, nicht nur für Kinder. Wenn du jeden Tag, auch am Wochenende, zur selben Zeit schlafen gehst und dich morgens zur selben Zeit vom Wecker oder Tageslicht wecken lässt, richtet sich deine innere Uhr danach aus. Mit diesem natürlichen Schlaf-Wach-Rhythmus wirst du dich morgens ausgeruht und erholt fühlen.

Genießen wir,
was uns der Tag beschert!
Wer weiß, ob solch ein Tag
uns wiederkehrt.

HAFIS

So muss man leben!

Die kleinen
Freuden aufpicken,
bis das große Glück kommt.
Und wenn es nicht kommt,
dann hat man wenigstens
die kleinen Glücke gehabt.

THEODOR FONTANE

Ein Glas Wasser

Wasser trinken ist gesund, und wenn es warm ist, spart dein Körper sogar noch die Energie, es auf Körpertemperatur aufzuheizen. Trinke gleich morgens ein großes Glas warmes Wasser, wahlweise mit etwas Zitronensaft, und rege so deinen Kreislauf und deinen Stoffwechsel an.

Sich selbst zu überraschen ist, was das Leben lebenswert macht.

OSCAR WILDE

Das Leben eines
Menschen
ist gefärbt von
der Farbe seiner
Vorstellungskraft.

MARK AUREL

Der meiste Schatten in unserem Leben rührt daher, dass wir uns selbst in der Sonne stehen.

RALPH WALDO EMERSON

Selbstgemachtes Granola

ca. 10 Portionen

✦

150 g Walnusskerne * 2 TL pflanzliches Öl * 120 ml Ahornsirup
300 g Haferflocken * 50 g Sonnenblumenkerne * 3 EL Sesam
50 g Kürbiskerne * 1 Prise Salz * 100 g getrocknete Cranberrys

Den Ofen auf 150 °C Umluft vorheizen. Die Walnusskerne mit einem Messer grob hacken. Öl, Ahornsirup und Haferflocken in einer Schüssel vermengen. Sonnenblumenkerne, Sesam, Kürbiskerne, gehackte Walnusskerne und 1 Prise Salz dazugeben, gut durchmischen.
Ein Backblech mit Backpapier auslegen, Granola gleichmäßig auf dem Blech verteilen. Nach 15 Min. Backzeit Cranberrys unter das Müsli mischen und nochmals 10–15 Min. backen, danach abkühlen lassen.

Der gegenwärtige Augenblick
ist stets voll
unendlicher Schätze.

JEAN PIERRE DE CAUSSADE

Das ganze Leben
ist ein ewiges
Wiederanfangen.

HUGO VON HOFMANNSTHAL

Genuss am Morgen

Kaiserschmarrn

✦

40 g Rosinen ✳ 2 EL Rum ✳ 6 Eigelb ✳ 50 g Zucker
¼ l Milch ✳ 200 g Mehl ✳ 6 Eiweiß ✳ 1 Prise Salz
Butter zum Ausbacken ✳ Puderzucker zum Bestäuben

Rosinen für ½ Std. in Rum einweichen. In einer Schüssel die Eigelbe mit dem Zucker schaumig rühren. Nach und nach Milch und Mehl unterrühren, dann die Rum-Rosinen zugeben. Eiweiße mit Salz sehr steif schlagen und behutsam unter den Teig heben. In einer großen Pfanne ausreichend Butter zerlassen und den Teig eingießen. Einige Minuten braten, bis die Unterseite zart goldbraun ist. Immer wieder wenden, bis alles gleichmäßig gebräunt ist, dabei den Teig mit zwei Gabeln in Stücke reißen. Auf Tellern anrichten, mit Puderzucker bestäuben und warm servieren.

Der Sonnenaufgang

Sonnenaufgang und -untergang werden in der Kunst und Literatur gerne verwendet, um die zyklische Wesensbeschaffenheit von etwas hervorzuheben. Sonnenaufgänge symbolisieren den Neuanfang, während Sonnenuntergänge für das Ende einer Ära stehen. Rufe dir immer wieder in Erinnerung, dass jeder Morgen ein neuer Anfang für dich ist.

Der verlorenste aller Tage ist der, an dem man nicht gelacht hat.

NICOLAS CHAMFORT

Das äußere Glück ist nur Zufall –
aber das *innere Glück,*
das baut sich ein jeder selbst.

JOHANN KASPAR LAVATER

Bon appétit!

Die wichtigste Mahlzeit des Tages muss nicht immer zu Hause stattfinden und schon gar nicht allein. Verabrede dich mit Freunden oder Familie zu einem gemeinsamen Frühstück und lasst den neuen Tag entspannt beginnen.

Let
your
soul
shine.

Wenn es einen Glauben gibt,
der Berge versetzen kann,
so ist es der Glaube
an die eigene Kraft.

MARIE VON EBNER-ESCHENBACH

Apple Crumble

✦

550 g Äpfel * etwas Fett für die Form * 1 Zitrone
100 g Butter * 100 g Zucker * 175 g Mehl * 1 Prise Zimt

Den Backofen auf 200 °C (180 °C Umluft) vorheizen. Die Äpfel waschen, schälen und in Spalten schneiden. Die Spalten in eine gefettete Auflaufform von ca. 25 cm Durchmesser schichten. Die Zitrone halbieren, den Saft auspressen und über die Äpfel geben. Butter mit Zucker und Mehl zu einem Streuselteig mischen, mit Zimt würzen und gleichmäßig auf den Äpfeln verteilen. Den Crumble ca. 30 Min. backen.

Finde dich, sei dir selber treu,
lerne dich verstehen,
folge deiner Stimme,
nur so kannst du
das Höchste erreichen.

BETTINA VON ARNIM

Schreib es in dein Herz,
dass jeder Tag der beste Tag
des Jahres ist.
RALPH WALDO EMERSON

Denke über dich hinaus

Im Laufe deines Tages wirst du auf den einen oder anderen Menschen treffen. Nimm dir doch heute bewusst vor, jemandem eine Freude zu bereiten. So wie du dir an diesem Morgen Zeit für dich nimmst und dir damit Gutes tust, verfügst du über die Kraft, einem anderen Menschen einen glücklichen Augenblick zu schenken. Sei es ein strahlendes Lächeln, eine kleine Aufmerksamkeit oder ein offenes Ohr – Glück ist die Summe schöner Momente.

Begeistere dich
für das Leben.
Das bloße Gefühl,
zu leben, ist Freude genug.

EMILY DICKINSON

ISBN 978-3-649-64648-8

Hafenweg 30, 48155 Münster, Germany

Fotos:
© dpa Picture-Alliance GmbH: S. 4, 7, 15, 20, 33, 39, 53, 61, 64, 65, 68, 77, 90, 91, 99, 102, 109, 110, 120, 121, 126, 141
© Unsplash: 14, 16, 23, 26, 29, 44, 47, 49, 50, 54, 69, 75, 86, 115, 118, 130, 134, 137

Illustrationen, Gesamtgestaltung, Bildredaktion und Satz:
Christina Kölsch, christinakoelsch.de

Redaktion:
Inga Biller

www.coppenrath.de

MIX
Papier aus verantwortungsvollen Quellen
FSC® C104723